Charles Benoist

Vers la Représentation proportionnelle

Politique

ISBN : 978-1720775164

10 9 8 7 6 5 4 3 2 1

Charles Benoist

Vers la Représentation proportionnelle

Politique

Table de Matières

Introduction

Les lecteurs de la *Revue* auraient le droit de me traiter durement si, pour la quatrième fois depuis quinze ans, je reprenais à nouveau devant eux l'étude théorique ou doctrinale de la représentation proportionnelle ; si, après leur avoir d'abord, et avant l'expérience belge, fait part des objections que l'on pouvait soulever, des inquiétudes que l'on pouvait avoir ; si, après m'être ensuite expliqué sur les raisons pour lesquelles, ces inquiétudes étant restées vaines, ces objections étaient devenues caduques, je revenais aujourd'hui leur exposer la mécanique des divers systèmes, en peser les mérites et les défauts, et recommençais à leur montrer pourquoi le plus mauvais vaut infiniment mieux que le scrutin d'arrondissement. Où nous en sommes sur le chemin de la réalisation, comment nous sommes arrivés là, contre quoi, malgré qui, et pourquoi le but se rapproche très vite, à quelles conditions et par quelles concessions nous pourrons l'atteindre, voilà maintenant tout ce que je voudrais dire.

Section I

Laissons de côté ce qui est désormais la préhistoire de la représentation proportionnelle en France, Borda, Mirabeau, Condorcet ; laissons même les temps primitifs de son histoire parlementaire, les propositions Pernolet, Rambure, Paul Bethmont, Cantagrel, Mirman, les amendements Bienvenu, Pieyre et Courmeaux, les rapports de MM. de la Sicotière et Constans. C'est en 1896 que MM. Le Gavrian et Dansette, d'une part, M. l'abbé Lemire, de l'autre, ouvrirent les voies à la réforme par le dépôt de deux nouvelles propositions de loi ; suivis, à plus ou moins grande distance, par MM. Chassaing (1898), Louis Martin, Vazeille (1901). Mais, sur un mot dédaigneux de M. Waldeck-Rousseau, alors président du Conseil, pieusement recueilli par M. Ruau, depuis lors ministre de l'Agriculture, la Commission chargée d'examiner ces diverses propositions les avait expédiées en quelques lignes. Ce n'est donc qu'en 1905, par la proposition de M. Louis Mill et de plusieurs d'entre nous, que la question fut, au point de vue législatif, efficacement introduite. Et c'est en 1905 que fut présenté à la Chambre le premier rapport où cette question fût abordée au fond, et qui conclut positivement à l'adoption de la représentation proportionnelle. Toutefois, parce que la Commission du suffrage universel était, en ce temps, divisée en trois fractions à peu près égales, proportionnantes, partisans du scrutin de liste pur et simple, tenants du scrutin d'arrondissement, il fut convenu qu'au vote les partisans du scrutin de liste majoritaire s'abstiendraient, laissant les proportionnalistes en face des fidèles du scrutin uninominal. Le hasard fit qu'il manquait un de ces derniers ce jour-là : la représentation proportionnelle l'emporta d'une voix et ne trouva plus, pour lui barrer le passage, que le scrutin de liste pur et simple. Mais, s'il y avait bien, dans la Commission, une majorité contre le scrutin d'arrondissement, il n'y en avait ni pour le scrutin de liste majoritaire, ni pour la représentation proportionnelle : chacun, à cet égard, demeurait obstinément sur ses positions, aucun ne voulait céder à l'autre ni une ligne, ni un point ; et, ainsi que la Commission entière se partageait par tiers, la majorité elle-même, là-dessus, se partageait exactement par moitié. Que faire ? M. Guyot-Des-saigne qui présidait, et qui s'était prononcé pour le scrutin de liste, eut l'idée de renvoyer, comme on dit, les plaideurs dos à dos, en les invitant à se pourvoir devant la juridiction supérieure : on décida de soumettre le litige à la Chambre, par deux rapports, l'un en faveur du scrutin de liste, sans plus, l'autre en faveur du scrutin de liste avec représentation proportionnelle : de la sorte, doublement instruite, elle devinerait, si elle le pouvait, et choisirait, si elle l'osait. Mais il fut évident, dès l'instant que cette décision fut prise, qu'elle ne le pourrait ni ne l'oserait, et que la Commission faisait trop pour que la Chambre fit rien : présenter deux rapports, c'était ne pas présenter de rapport, et recommander deux solutions, c'était reconnaître qu'on n'avait pas de solution. Cependant les deux rapporteurs s'acquittèrent de leur tâche. Dans la même séance, le 7 avril 1905, M. Buyat pour le scrutin de liste, et moi pour la représentation proportionnelle, nous saisîmes la Chambre de nos conclusions à la fois conjointes et contradictoires.

Je puis à présent l'avouer, j'avais aussitôt senti que nous ne pourrions point aboutir dans le peu de vie qui restait à la huitième législature, et, plus préoccupé de préparer l'avenir que de saisir une occasion qui ne s'offrait pas, j'avais donné beaucoup plus d'attention, dans mon travail, à l'exposé des motifs qu'au dispositif lui-même. La réforme électorale me paraissant condamnée, pour quelques mois encore, à n'être qu'une question académique, je m'étais attaché surtout à poser le principe, à esquisser la théorie de la représentation proportionnelle, en l'étudiant successivement dans son fondement, dans son fonctionnement et dans ses effets. Puis, comme il n'était pas difficile de prévoir, — c'est l'enfance de l'art ou de l'artifice, et l'*a, b, c* de la ruse parlementaire, — qu'un adversaire astucieux de la réforme, pratiquant ce genre de sophisme que Bentham a étiqueté *ad verecundiam* ou quelque chose de pareil, voudrait tirer parti contre elle des objections qui avaient pu jadis y être faites par ceux-là mêmes que l'observation des faits ou la réflexion avait amenés à en devenir les champions, il fallait se hâter de ruiner cet argument qui, si mauvais qu'il soit, manque rarement de porter sur l'ignorance, la malveillance ou l'égoïsme, plus ou moins justement alarmé. « M. un tel, qui préconise maintenant telle mesure, la combattait il y a vingt ans : par conséquent, repoussez-la, pour le punir de s'être trompé, et, qui pis est, de ne pas persévérer dans une opinion, fausse. » Aussi rééditais-je tout au long, sans leur ôter rien de leur force, — et je savais bien qu'on leur en avait trouvé, puisqu'on s'en était servi, notamment à la Chambre et au Sénat de Belgique en 1899, — es objections et les réserves que, quinze ou vingt ans auparavant, j'avais développées contre la représentation proportionnelle, dans la première partie de *la Crise de l'État moderne* ; je ne les reniais, ni ne les écourtais, ni ne les dissimulais ; seulement, après les avoir reproduites en leur pleine rigueur logique, je les montrais détruites une à une par l'expérience. Et je ne ressentais de ce changement, ou de cette conversion, s'il plaît de le nommer ainsi, ni le moindre orgueil, ni la moindre humiliation ; je n'y voyais pas la moindre raison de me taire désormais et à jamais sur ce sujet. « Le silence est la pire des persécutions ; jamais les saints, a dit Pascal, — mais il suffit de dire : les sincères, les hommes de foi et de bonne foi, — ne se sont tus. » La vie vaudrait-elle la peine d'être vécue si chaque jour n'apportait avec lui sa leçon, et qu'est-ce que la vérité, pour chacun de nous, sinon une somme d'erreurs corrigées ? L'essentiel est d'être parfaitement désintéressé, de ne point changer pour y gagner, et même il est élégant, quand on change, d'avoir moins à y gagner qu'à y perdre.

Enfin, je le répète, nous n'en étions alors qu'à la période préparatoire. La représentation proportionnelle était, chez nous, ou peu connue, ou mal connue, et de ses partisans presque autant que de ses adversaires. C'est pourquoi le rapport s'étayait d'une documentation abondante, s'échafaudait de pièces justificatives, en particulier sur l'application de la réforme, soit en Belgique, soit dans deux ou trois cantons suisses, et s'augmentait d'un index bibliographique, certainement incomplet, mais capable pourtant de guider la curiosité de ceux qui, avant de se ranger dans un camp ou dans l'autre, pour ou contre la représentation proportionnelle, tiendraient à y regarder de plus près. Ce rapport, avec ses annexes, fut imprimé et distribué ; il ne fut pas discuté. M. Sarrien succéda à M. Rouvier. Les élections législatives approchaient. Et les députés, en général parlèrent dans leurs circonscriptions de tout autre chose. Mais nous revînmes un certain nombre bien résolus à parler de cela au pays.

Section II

Les élections de 1906 donnèrent au parti radical et radical-socialiste une majorité telle qu'il n'en avait jamais connu de semblable : je ne crois pas exagérer de beaucoup en estimant de mémoire la part du Bloc, avec les socialistes unifiés, à 400 sièges environ. C'est dire que ce parti eût pu tout ce qu'il eût voulu ; mais on vit clairement, dès lors, qu'il savait mieux ce qu'il ne voulait pas, ou ce dont il ne voulait pas, que ce qu'il voulait. M. Sarrien, questionné sur l'opportunité d'une réforme électorale, avait répondu indistinctement. Non point qu'il n'eût pas d'opinion : il en avait, au contraire, une très ferme, une opinion du fond de lame, et je ne bouleverserai pas la psychologie en disant que cette âme avait de la peine à s'évader de l'arrondissement. L'antique scrutin de liste majoritaire paraissait dangereux à M. Sarrien, surtout en ce que, s'il était rétabli, il y aurait toujours un député par département, le plus influent ou celui qui serait jugé tel, sur qui tomberaient toutes les corvées, à qui incomberaient toutes les charges du métier, et ce serait toujours le même qui serait tué par les courses dans les ministères. Or, le plus influent, pour le département de Saône-et-Loire, et même quelques départements voisins, M. Sarrien, malgré sa modestie, se laissait aller à le nommer en ses confidences. Quant à la représentation proportionnelle, c'était, à son avis, une invention bizarre, et comme une vision cornue. Quel diable venait ainsi troubler la possession paisible, la bonne petite propriété, le bon petit fief que les vieux serviteurs de la démocratie étaient en train de tailler, chacun chez soi, aux familles d'authentique noblesse républicaine ? Voilà que, par la faute de ces mécontents, la politique n'allait plus être une carrière ! Mais, en retour, qu'il allait être malaisé de se maintenir ! Plus de majorité certaine ou durable : les minorités, des coalitions, maîtresses de tout. A la seule pensée de ce qui pourrait alors arriver, M. Sarrien se sentait défaillir ; il passa la main à M. Clemenceau. Je ne gagerais pas que M. Clemenceau n'eût jamais prévu qu'un jour viendrait où M. Sarrien fatigué lui passerait la main. Il n'est même pas bien sûr que, déjà, ministre de l'Intérieur dans le cabinet Sarrien, M. Clemenceau ne se soit pas, une belle nuit, vu en songe président du Conseil dans le ministère suivant, le sien, et qu'il n'ait pas, dès ce moment, comme il est naturel aux hommes, commencé à vivre son rêve. Mais le fait est qu'il parut être de ceux dont on peut dire que la Fortune ne les surprit point. Après avoir passé un quart de siècle à démolir des gouvernements, tout à coup et tout de suite il se découvrit une vocation de gouvernement ; bien plus, il découvrit le gouvernement, ses devoirs, ses difficultés, et ses conditions nécessaires. A soixante-cinq ans, il se jeta dans ce sentier de la vertu parlementaire, de son pas allègre, avec son air crâne, le chapeau sur l'oreille et la canne haute, ainsi qu'il avait coutume d'aller par d'autres chemins. Cette pointe de paradoxe dont il a toujours eu la coquetterie de relever ses discours et ses actes, ce besoin d'emporter les applaudissements de la galerie et ce goût d'étonner le bourgeois ; le rouge dont cet aristocrate démagogue souligne, avive et corrige la monotonie de l'habit noir sans trop regarder si c'est au talon qu'il le met ou ailleurs, et, pour tout dire d'un mot, ce qu'il s'est greffé de Parisien sur ce Français et ce qu'il reste de Montmartrois en ce Parisien ; ses habitudes, aussi, de polémiste, de journaliste qui sait qu'il faut chaque matin frapper un coup si l'on veut conquérir et garder l'esprit public ; un instinct de la scène à faire qui ne se trompe pas en le poussant secrètement vers le théâtre et en lui révélant à lui-même une espèce de génie comique et dramatique ; tout cela pouvait légitimement donner à croire que le ministère qu'il formait et la politique que ce ministère suivrait ne seraient pas un ministère et une politique ordinaires. M. Clemenceau, en effet, confia, d'entrée de jeu, le portefeuille de la Guerre au général Picquart. Pourquoi ? Pour bien des raisons, sans doute, dont quelques-unes tiennent au mérite du général Picquart, et quelques autres, peut-être, aux sentiments que leur confraternité d'armes dans une bataille récente avait fait naître en lui, mais dont la principale demeure que pas un autre président du Conseil ne se fût avisé de le faire, et qu'il fallait être M. Clemenceau pour y penser. Si hardi dans le choix des hommes, comment imaginer que M. Clemenceau, étant M. Clemenceau et en situation de l'être plus pleinement qu'il ne l'avait jamais été, hésiterait, reculerait et se déroberait devant la nouveauté des choses ? On lui fit tout d'abord crédit, parce qu'avec l'ardeur de son sang, il avait pris le départ dans la course, comme pour sauter l'obstacle. La déclaration qu'il lut aux Chambres portait en propres termes : « l'élargissement du suffrage. » Mais « l'élargissement, » c'était vague ; et, par exemple, on pouvait élargir le suffrage en conférant aux femmes le droit de vote ; de même on pouvait élargir, sinon le suffrage, au moins le mode de scrutin, en substituant le scrutin de liste au scrutin uninominal. Qu'est-ce au juste que le gouvernement entendait par là ? La plus grande chance de le savoir semblait être d'aller le demander à M. Clemenceau. Entre temps, dans la courte session de juin-juillet, la Chambre de 1906 avait nommé sa Commission du suffrage universel, composée, comme la précédente, de 22 membres, mais sur lesquels on comptait cette fois 16 ou 17 proportionnalistes. Je dis 16 ou 17, parce que le dix-septième, après s'être déclaré personnellement partisan du scrutin de liste pur et simple, avait été conduit à ajouter qu'il avait reçu de son bureau mandat de voter la représentation proportionnelle. Le président, les vice-présidents et les secrétaires de la Commission se transportèrent donc à la place Beauvau et, sans ambages, sans circonlocutions, posèrent la question au président du Conseil : qu'avait-il voulu dire par l'élargissement du suffrage ? Un autre eût répondu tout bonnement et n'en eût point fait plus d'affaires : « le vote des femmes, » ou « le scrutin de liste, » ou ceci, ou cela. Mais M. Clemenceau ne se contente pas de si peu. Il lui faut plus de chaleur et de couleur. A la différence du personnage de Molière qui,

… jusques au bonjour, vous dit tout à l'oreille,

lui, il vous dit tout à pleine voix, de sa voix tranchante et coupante, qui coupe et qui tranche jusqu'à : « Ni oui ni non, » jusqu'à : « Je ne sais pas ; » et il vous le dit en dardant sur vous des yeux sincères, la main sur le cœur, avec des serments. « Je vous donne ma parole d'honneur, nous dit-il, que je veux le scrutin de liste, et que je le ferai (*extrait des procès-verbaux de la Commission*). — Et la représentation proportionnelle ? — Je ne sais pas, je ne connais pas, je verrai. » Ici s'arrête le dialogue officiel ; mais ce n'est pas trahir un grand secret que de le compléter par la phrase sur laquelle nous nous séparâmes : « Je ne sais pas, mais je ne demande qu'à savoir. Nous prendrons rendez-vous. Vous m'expliquerez votre affaire. »

Ainsi, le président du Conseil ne disait pas encore : « Je ne comprends pas, » mais seulement : « Je ne connais pas ; ce ne sont pas des choses de mon temps. On ne s'en occupait pas dans ma jeunesse. » En quoi M. Clemenceau se calomniait, oubliant que précisément, dans sa jeunesse, il avait traduit John Stuart Mill ; non pas, c'est vrai, *le Gouvernement représentatif*, où Mill expose et commente en un chapitre enthousiaste le système de Thomas Hare, mais tout de même il est difficile d'admettre qu'on puisse traduire un ouvrage quelconque d'un auteur dont on ignorerait entièrement les idées maîtresses.

Pour nous, qui ingénument n'aperçûmes sur le coup, dans la réponse du président du Conseil, que le désir de s'informer mieux, plus ingénument encore nous sollicitâmes le rendez-vous par lui proposé. Nous le sollicitâmes à plusieurs reprises, je puis dire bien des fois, puisque je retrouve la trace écrite de sept de ces démarches, qui se placent par ordre chronologique : la première, celle dont il s'agit ci-dessus, le 11 novembre 1906, les autres, le 6 mars, le 4 juillet, le 11 novembre 1907 ; les 5, 8 et 26 février 1909. Toute l'année 1908 fut remplie de nos instances ; durant toute cette année, il ne s'écoula presque pas une semaine, en tout cas, pas un mois sans que nous revenions à la charge. Efforts aussi persistants que vains : à notre lettre du 4 juillet 1907, le président du Conseil répondit quand la Chambre fut partie en vacances, le 12 ou le 13 juillet ; rendons-lui pourtant ce témoignage qu'il le fit en homme à la fois pressé et poli, par un petit bleu et un autographe. Il répondit ensuite le 16 janvier 1908, en nous envoyant son sous-secrétaire d'Etat, M. Maujan, à qui nous parlâmes « de la liberté et de la sincérité du vote » et qui nous parla « de la corruption électorale ; » mais si nous lui avions parlé de la représentation proportionnelle, M. Clemenceau en eût bien ri ! Le 7 février 1909, le président du Conseil, pour clore un débat un peu trop protocolaire, mais qu'il avait lui-même provoqué, sur le point de savoir si c'était à lui de se rendre devant la Commission ou à la Commission de se rendre chez lui, voulait bien m'annoncer qu' « il viendrait lorsqu'il pourrait porter l'avis du gouvernement, ce qui ne saurait tarder, » et il nous en renouvelait l'assurance le 2 mars en termes non moins courtois, mais non moins dilatoires. Or l'incidente de rien du tout, par où finit ce bon billet, cet engagement dégagé, cet engagement-dégagement : « ce qui ne saurait tarder » est admirable, et bien des gens qui font profession d' « humoristes » en revendiqueraient l'honneur ! C'est admirable, à cette date, mars 1909 ; alors que mon rapport avait été repris dès le 2 juillet 1906, alors que le rapport de M. Etienne Flandin était aux mains de tous, et des ministres, par conséquent, depuis le 22 mars 1907 ; à la veille même du jour où le rapport supplémentaire de M. Varenne, remplaçant M. Flandin élu sénateur de l'Inde, allait être déposé ; à ce moment-là, M. Clemenceau en était encore à promettre d'apporter à la Commission l'avis du gouvernement, quand le gouvernement aurait un avis !

Cependant, depuis plus de deux ans nous étions entrés en campagne. Outre l'obscur travail de la Commission, des couloirs et des antichambres, nous avions tiré la réforme au grand jour. Forts de cette double conviction qu'une question comme celle-là, qui, touchant au recrutement de la Chambre, touchait à l'existence même de beaucoup de députés, ne serait point résolue au dedans sans une pression énergique du dehors, et que cette question qui, étant avant tout une question de justice, intéresse également tous les partis, devait être résolue par l'accord, par l'action de tous les partis, nous avions entrepris et nous menions à travers le pays tout entier, entre hommes de toutes les opinions politiques, une agitation constamment grandissante. Avant la première réunion, qui eut lieu le 3 mars 1907 à Paris, dans la salle des Sociétés savantes, nous n'étions pas très rassurés : il y avait à craindre et la surprise de l'auditoire à qui allait s'offrir une « troupe » aussi bigarrée, et l'habitude que les orateurs ici rassemblés au service de la même cause avaient priée à la Chambre de ne se rencontrer que pour se combattre. La surprise du public fut visible, mais le succès dépassa nos espérances, et la surprise elle-même, l'inattendu du spectacle, ne fut peut-être pas le moindre élément du succès. Les orateurs les plus justement réputés de l'extrême droite à l'extrême gauche, de M. Denys Cochin à M. Jaurès, et de M. Lasies à M. Willm, ne marchandèrent point leur concours. Nous eûmes peu de radicaux, mais ils étaient de marque : M. Ferdinand Buisson, M. Messimy, qui opposèrent aux objurgations, aux récriminations de leurs amis une fermeté imperturbable, et qui eurent le bon esprit de sourire lorsque d'autres eurent le petit esprit de les accuser de se compromettre avec « la réaction. » Nous tînmes de la sorte ensemble près de quatre-vingts grandes réunions où le plus remarquable fut sans doute que jamais un orateur ne laissa échapper un mot qui pût, à aucun degré, être choquant pour un autre, et que les auditoires, par contre-coup, se mirent immédiatement au ton. M. Denys Cochin fit ainsi, au cœur du Clichy révolutionnaire, et devant une assistance presque exclusivement formée d'ouvriers, profession solennelle de catholique croyant et pratiquant ; et je ne dis point seulement pas une protestation, mais pas un murmure ne s'éleva. Inversement, M. Buisson s'adressa à des catholiques sans que personne lui reprochât ni les lois scolaires ni la séparation. Dans l'instant où la Commission négociait avec M. Clemenceau pour l'entendre et se faire entendre de lui sur la réforme électorale, tout le pays était plein du bruit de cette réforme ; tous les journaux en avaient fait le thème quotidien de leurs articles ; plusieurs centaines de milliers de citoyens étaient venus nous écouter, des brochures, des tracts, des feuilles de démonstration avaient été répandus ou allaient bientôt l'être par millions d'exemplaires. Fallait-il croire que seul en France, malgré tous ses agents et tous ses informateurs, malgré toutes les oreilles et tous les yeux qu'il a partout, le gouvernement en était réduit à chercher ce que pouvait bien être la représentation proportionnelle ?

Puisque la Commission se trouvait impuissante à l'amener devant elle, il ne nous restait qu'une ressource : nous passer de lui et forcer la discussion. Certes, la partie était périlleuse, car il n'y a guère d'exemple nulle part qu'une réforme électorale se soit jamais faite sans le gouvernement, et bien moins encore contre lui. Mais on pouvait toujours discuter, on n'avait le choix qu'entre cela et rien ; si peu que ce fût, c'était pourtant un peu plus que rien ; c'était encore du bruit, tombant d'une tribune d'un retentissement incomparable ; c'étaient, en un seul lieu et en un seul jour, mille réunions par-dessus les quatre-vingts que nous avions données. Nous avions pris la précaution, atout hasard, de faire inscrire la réforme électorale à l'ordre du jour de la Chambre, aussitôt après le dépôt du rapport de M. Flandin. Le 12 novembre 1908, nous demandâmes que ce rapport fût discuté ; on s'en tira évasivement. Je le demandai de nouveau le 11 mai 1909 : cette fois, M. Modeste Leroy, l'un des défenseurs acharnés du scrutin d'arrondissement, vint dire qu'il était d'accord avec M. Clemenceau pour demander de préférence la discussion de la proposition de loi sur le statut des fonctionnaires. A la vérité, M. Clemenceau, présent, nia le concert, mais faiblement, sans insister, et comme M. Labori plaidait pour le projet de réforme des conseils de guerre, M. Modeste Leroy s'y rallia sur l'heure, M. Clemenceau en fit autant, et tous deux se retrouvèrent d'accord, au moins dans le plaisir d'avoir évité la discussion de la réforme électorale. Mais l'affaire des conseils de guerre ne pouvait traîner éternellement ; et nous avions plus de patience que le ministère n'avait d'éternité. Six semaines plus tard, le 25 juin, troisième sommation. M. Clemenceau, piqué, donna de sa personne. Quand je dis qu'il donna ! Il se fit tout petit, accommodant, passif, bénin, se bornant à exprimer, à esquisser plutôt, moins qu'une opinion, un désir, un vœu. Question : « Le gouvernement veut-il, oui ou non, la discussion de la réforme électorale ? » Réponse, à deux reprises : « Il l'espère, » ou : « Il la souhaite ! » Impossible de le faire bouger de là ! Le bêlement d'Agnelet dans *la Farce de maître Pathelin* ! Le seul point que le président du Conseil distinguât alors nettement, la seule vérité qu'il crût, c'était qu'il fallait « d'abord mettre à l'ordre du jour la

discussion du rapport de la Commission d'enquête sur la marine. »
— Et moi, je crois que M. Clemenceau serait maintenant facilement
d'accord avec nous pour convenir qu'en cette occasion il a manqué
de prévoyance.

En attendant, une dizaine de jours avant sa chute, dans la séance
du 12 juillet, interpellé sur sa politique générale, le président
du Conseil ne put s'abstenir de toucher à ce sujet où il affectait
d'autant plus de froideur qu'il le sentait plus brûlant. Il le fit en
sautillant, en voletant, selon sa manière, mélange de plaisant qui
ne dédaigne pas d'être drôle et de sérieux commandé qui aspire
à être profond. Il proclama, aux rires répétés de la Chambre, que
« s'il eût été possible, en temps utile, de présenter une loi sur la
réforme électorale, il l'aurait fait volontiers, » mais que « l'ordre
du jour avait toujours été très chargé ; » qu'il est indispensable
que « l'action électorale et l'action administrative s'exercent
dans les mêmes cadres ; » qu'il n'était pas ; « disposé à courir,
pour la République, pour la France, une aventure aux élections
prochaines ; » et que, pour tous ces motifs, quoique obstinément
fidèle en principe au scrutin de liste qui demeurait sa doctrine,
il entendait, comme président du Conseil, dans l'intérêt du parti
républicain, garder le scrutin d'arrondissement. » — En ce qui
concerne la représentation proportionnelle, sur laquelle, disait-il
il est courtois et même politique de s'expliquer, toute l'explication
consistait à essayer de s'en défaire par un croc-en-jambe. Il n'y avait
plus, pour nous, qu'à conclure dans la Chambre et à repartir dans
le pays. Dans la Chambre, notre conclusion fut : « Vous pouvez
enterrer la réforme sous vos banquettes, mais vous l'y enterrez
vivante, et elle les fera sauter. Vous aurez les élections de 1910 sur
la réforme électorale, et les élections de 1914 avec la représentation
proportionnelle. »

Section III

En somme, pendant près de trois ans que dura son ministère,
M. Clemenceau, qu'un mot n'a jamais arrêté, et qui, comme on
l'a dit d'un autre, « eût tué père et mère, plutôt que d'en manquer
un bon, » semble avoir parodié, bouche close, silencieusement, à

la muette, le fameux mot du président Dupin : « Je ne *veux* rien, je fais ce que je *veux*. » Mais ce n'est qu'une apparence, et il n'avait pas « dépouillé le vieil homme, » au point de ne pas s'échapper de temps en temps en boutades révélatrices. Il en est quelques-unes que je serais bien embarrassé de reproduire avec leur saveur un peu crue, mais il en est aussi qui peut-être étaient plus que des boutades : « Malheureux ! me dit-il un jour, vous voulez que les minorités soient représentées et que la majorité gouverne ? Vous voulez donc empêcher tout progrès ? Vous ne savez donc pas que, si jamais un gouvernement a pu quelque chose, c'est parce que la majorité même n'était pas représentée et qu'une minorité gouvernait. » Voilà pourquoi M. Clemenceau, président du Conseil, le Clemenceau seconde manière, le Clemenceau de gouvernement, tenait ferme sur cette maxime qu'adoptent si facilement les jacobins nantis : *Quieta non movere*. Ne point troubler l'eau qui dort.

Pendant près de trois ans que dura le ministère Clemenceau, M. Aristide Briand, je l'avoue, me parut être dans des dispositions d'esprit très différentes. A en juger par sa conversation, celui-là savait ce qu'il voulait, et, croyant comprendre qu'il voulait une réforme électorale, je croyais sentir, en mon cœur, que cette réforme électorale, dans le sien, était la représentation proportionnelle. Me suis-je trompé alors ? Ou se trompait-il lui-même ? N'aurais-je pas dû me rappeler que « les cardinaux ne pensent pas du tout quand ils sont dehors comme lorsqu'ils sont en conclave, » et bien moins encore comme lorsqu'ils sont devenus pape ? qu'entre l'héritier présomptif et le roi, il y a la couronne, qui change les idées ? et qu'en général l'héritier présomptif veut, ou annonce, ou laisse entendre qu'il veut tout ce que ne veut pas le roi régnant ? Quoi qu'il en soit, et quoi qu'on en puisse dire, M. Briand venait de remplacer M. Clemenceau de la même façon que M. Clemenceau avait remplacé M. Sarrien. Ce fut pour beaucoup un joyeux avènement. Son message de bienvenue, sa déclaration ministérielle, promettait. Plus d'un s'imagina qu'il y passait comme un souffle de renouveau, et plus d'un qui ne se croit pas, que personne ne croit un naïf. Je me rappelle m'être trouvé, quelques jours seulement après la formation du Cabinet, en compagnie de M. Briand et d'un homme universellement réputé pour sa suprême finesse, où l'air de la Gascogne et l'air du boulevard ont mis et mêlé, au cours d'une vie longue et pleine, tout ce qu'ils ont de plus subtil : « Si c'était pour chausser les vieux souliers de M. Combes, insinuait-il, ce ne serait pas la peine d'être revenu de si loin ! » Et M. Briand approuvait au moins d'un sourire. Nous, que la passion d'une grande cause aveuglait peut-être, nous prenions aussitôt notre part de ce sourire approbateur, et nous nous flattions d'y voir une sorte de commentaire, autorisant toutes les espérances, à un texte que sa nature, sa destination, les lois mêmes du genre, avaient condamné à rester prudent. A présent que nous relisons le document, à la lumière de ce qui est arrivé depuis lors, il nous faut confesser qu'il n'y avait certainement rien dans le texte et qu'il n'y avait sans doute pas tant de choses dans le sourire. « La Chambre a décidé d'inscrire en tête de son ordre du jour la réforme électorale, déclarait, le 27 juillet 1909, le président du Conseil. Le gouvernement ne méconnaît ni l'importance de la question, ni la nécessité du débat, mais il n'échappe à personne qu'il ne peut prendre parti qu'après avoir appuyé son opinion sur l'étude des faits. Dès maintenant, il pense qu'il y aura lieu de mettre le pays en mesure de faire, dans les élections municipales, l'essai méthodique d'un système de proportionnalité. » Nous pouvions bien répondre : « Pour la première fois en France, le gouvernement parle officiellement de la représentation proportionnelle... La réforme électorale est une de ces questions qu'il faut ou bien ne pas poser ou bien résoudre. Elle est posée, elle sera résolue ; car nous avons avec nous toute la France politiquement vivante et pensante, la plus illustre élite et les masses anonymes averties par un sûr instinct. » Mais M. Briand répliquait : un débat, soit : « Le gouvernement sera au rendez-vous : il n'essaiera pas de biaiser, il n'essaiera pas d'atermoyer, ce serait rendre un très mauvais service à ce pays. Un moment viendra où il faudra dire : Voilà ce que nous voulons, nous ne voulons pas autre chose. Cela, nous vous le dirons ! » Jusque-là, qu'on se garde « d'accabler tel ou tel mode de scrutin par préférence pour l'un d'eux. » Propagande, soit, mais méfiance ! « Quand on voit les campagnes actuellement menées rapprocher des hommes des partis les plus éloignés, on est obligé de convenir que c'est avant tout une question de tactique qui se pose. » L'étude, soit ; mais « avec la préoccupation du régime et le désir très net de ne pas voir affaiblir la majorité républicaine. »

Ainsi, nous triomphions à l'excès, nous triomphions à tort, cependant que le président du Conseil, en répliquant, restreignait, circonscrivait, se reprenait, se retranchait. De toute cette eau qui nous glissait entre les doigts, quand nous serrions la main, qu'y restait-il ? La possibilité d'une discussion, d'une étude, d'un essai. Un mol, le mot : « proportionnalité » jeté, tombé au bout de la dernière phrase, comme la goutte qui emplissait notre verre : ce fut assez pour accorder au gouvernement le mérite et pour lui savoir gré de « parler sérieusement d'une chose sérieuse. » Dans ce peu de paroles même, il y avait du « pour » et du « contre, » des « oui » et des « non ; » dans cet exercice parlementaire, il y avait, à droite et à gauche, des coups de balancier ; mais nous savions qu'un ministère doit toujours se tenir en équilibre sur la corde raide, et que souvent les yeux disent « oui, » quand la bouche dit « non. » Nous regardions le président du Conseil dans les yeux, — dans ces yeux étonnants, doux et durs, clairs et sombres, fixes et mobiles. Bien que traités publiquement presque en suspects, à cause de l'association entre nous formée « d'hommes des partis les plus éloignés, » nous nous chargions, par un redoublement de propagande, puisque aussi bien il nous y invitait, de lui faire faire, pour suivre le pays, le reste du chemin.

Et nous nous souvînmes encore du sourire des yeux, lorsque, dans le fameux discours de Périgueux, le 10 octobre, après l'affirmation qui fit scandale : « A travers toutes les petites mares stagnantes, croupissantes, qui se forment et s'élargissent un peu partout dans le pays, il faut faire passer au plus vite un large courant purificateur qui dissipe les mauvaises odeurs et tue les germes morbides ; » après avoir proclamé qu' « un changement était nécessaire, » M. Briand pensa devoir donner, et le donner sur notre dos, un nouveau coup de balancier, en précisant : « Un changement est nécessaire, mais dans un pays averti, avec des partis politiques préparés, de manière à éviter toute surprise ; » en accusant même : « Personne ne s'étonnera, je suppose, que le gouvernement de la République tienne en suspicion les impatiences fiévreuses de ceux qui ne s'intéressent à la réforme électorale que par l'espoir d'ébranler la République ; » et en menaçant, pour finir : « Nous n'avons pas à tenir compte de leurs sommations. »

Une semaine ou deux plus tard, non point par la volonté du

gouvernement, mais parce que la Chambre l'avait « inscrite en tête de son ordre du jour, » s'ouvrit la discussion des propositions de loi, d'initiative parlementaire, tendant à instituer le scrutin de liste avec représentation proportionnelle. Le président du Conseil, qui s'était engagé à venir au rendez-vous, y vint en effet le 28 octobre. Il s'était engagé aussi à dire ce qu'il voulait et ce qu'il ne voulait pas. Il dit surtout ce qu'il ne voulait pas ; il ne voulait pas de réforme électorale, — aucune, — avant les élections de 1910 ; et il n'en voulait pas, en considération de ce qu'il voulait : une majorité, sa majorité. En cette formule violemment raccourcie, peut se résumer le discours entier de M. Briand, dont voici le *leitmotiv* : « J'admets que vous (les proportionnantes) ayez raison. Ce n'est pas à la fin d'une législature… etc. » On devine si cette musique devait plaire à ceux qui tremblaient déjà de comparaître dans six mois devant leurs juges et qui, ayant préparé leurs moyens, redoutaient qu'au dernier moment on leur changeât leur tribunal ! Néanmoins, et malgré ce discours où il déploya toutes les caresses de sa voix au service de toutes les ressources de son art, quand on vota le 8 novembre, pour clore un débat mémorable, le scrutin de liste fut d'abord adopté par 379 voix contre 142, la représentation proportionnelle le fut ensuite par 281 voix contre 235. Un pas de plus, et c'était fait. Si la Chambre, qui venait d'adopter séparément le scrutin de liste et la représentation proportionnelle, les adoptait l'un et l'autre, au vote sur l'ensemble de l'article, la réforme électorale était faite, à moins qu'on ne réussît à la faire chavirer sur une disposition de détail ; mais le préjugé en sa faveur était solidement et peut-être définitivement créé. M. Briand, je le crois sans peine, ou plutôt je le sais de source sûre, eut une minute de perplexité. Pendant le pointage auquel donna lieu le deuxième scrutin, un de ses collègues du Cabinet l'exhorta : « Vous pouviez hésiter tant qu'il était douteux que la représentation proportionnelle trouvât ici une majorité ; mais la majorité y est, elle n'est pas à faire, elle est faite : il n'y a qu'à la ramasser. Marchons ! » Mais d'autres, les plus marquants et les plus agités du parti radical et radical-socialiste, rejoignirent, à cette minute même, assaillirent le président du Conseil : « Vous allez tout de suite monter à la tribune et déclarer que vous ne voulez, à aucun prix, d'aucune réforme applicable aux élections prochaines, ou nous vous renversons incontinent. » Et M. Briand, qui « n'avait pas à tenir compte des sommations » des partisans de la représentation proportionnelle, probablement parce qu'ils ne lui en faisaient pas, tint aussitôt compte de celle-ci, qui lui était faite en plein visage. Il monta tout de suite à la tribune, comme on l'en sommait, et, comme on l'en sommait, posa la question de confiance contre la réforme électorale. Une soixantaine de « toupies hollandaises » tournèrent, qui pour sauver le ministère et qui pour se sauver soi-même. Songez donc ! « Le gouvernement persiste à penser que le vote immédiat de la réforme créerait une situation grave et dangereuse pour le parti républicain. La pratique de la représentation proportionnelle veut des partis organisés : or, le moins préparé, le moins organisé (M. Briand, le 28 octobre, avait dit : le plus *effiloché*), est le parti qui avait depuis dix ans bénéficié de la confiance croissante du pays, c'est-à-dire la majorité républicaine. » A cette heure, elle ne pourrait « tirer tout le parti désirable de la réforme. » Pourtant, c'est pour elle et par elle que la réforme, quand elle sera prête, devra se faire. « Ce sera le devoir de la majorité républicaine, ce sera son honneur de se saisir de ce problème. » Mais seulement, quand « le parti républicain » sera prêt, pas maintenant. Maintenant, ce n'était pas encore le devoir et l'honneur, ce serait une faute : « Nous n'avons pas le temps ; non, non et non ! » Cette intervention chirurgicale coupa le pied à la réforme, qui ne recueillit plus que les voix de 225 héros. A l'issue de la séance, je rencontrai, entre deux portes, le président du Conseil, tiré d'affaire, mais peu glorieux. Je ne lui fis, comme on le soupçonne, qu'un assez aigre compliment. « Voyons ! voyons ! patience ! me dit-il ; puisque je vous garantis que la réforme se fera, et que c'est moi qui la ferai ! » Le langage que M. Briand avait tenu à la Chambre, on lui doit cette justice de reconnaître qu'il le tint à ses électeurs, en leur demandant leurs suffrages : « Le scrutin d'arrondissement est devenu trop étroit pour contenir les aspirations du pays et permettre les réformes d'ordre administratif et judiciaire indispensables à la prospérité et à la grandeur de la France. Il est de toute nécessité que la Chambre prochaine réalise cette réforme, et qu'elle s'assoie (ou : l'assoie) sur de larges bases. C'est au parti républicain, qui a la garde et la responsabilité du régime, qu'il importe, après la consultation du pays, de se saisir lui-même d'un problème qui touche de si près aux destinées de la

République. Mais il faut se garder de tout empirisme et se défier des paroles tranchantes et décisives qu'on promène à travers le pays comme le remède infaillible à tous les maux, remède qui doit, dès le lendemain de son application, renouveler la société. » Le couplet ordinaire sur « le bloc enfariné qui ne dit rien qui vaille » (et c'était nous, sans nulle vanité !) n'était même pas omis, non plus que l'ouverture, pour demain ou après-demain, d'une perspective immense, où se perdait le pauvre petit point de la représentation proportionnelle : « La chose essentielle, à mon avis, c'est d'élargir le scrutin. Au besoin, il conviendrait même de ne pas s'arrêter aux limites de certains départements trop étroits. En un mot, il faut l'établir en vue d'une réforme administrative correspondante. » (*Discours de Saint-Chamond*, 10 avril 1910.)

Le pays, consulté, fit entendre qu'il sentait ce qu'il y avait de sain dans l'idée de la représentation proportionnelle ; qu'il était las d'être traîné dans la vase des « mares stagnantes ; » qu'il attendait et qu'il appelait le « grand courant purificateur. » Il le fit comprendre clairement, le cria aussi haut et aussi fort qu'il le pouvait, par 4 442 000 voix. C'est le chiffre même du gouvernement. La statistique, dressée par lui et communiquée aux journaux, annonça 272 députés partisans de la représentation proportionnelle et 88 partisans d'une réforme électorale moins franchement déterminée, contre 35 partisans, seulement, du *statu quo*, 33 partisans de la péréquation des circonscriptions au scrutin uninominal, et 64 partisans du scrutin de liste pur et simple. 94 candidats élus avaient fait mine de ne pas savoir que la question était posée. Nos chiffres, à nous, diffèrent un peu. D'abord plus forts, puisque nous arrivions à près de 5 millions de suffrages, l'examen minutieux des professions de foi et engagements électoraux nous obligerait à les ramener à 243 députés, partisans déclarés de la représentation proportionnelle, et 75 partisans d'une réforme électorale ; en revanche, 162 députés n'ont rien écrit, dont une bonne moitié nous a donné des gages de dévouement non équivoques. Encore est-il à noter que le recueil des professions de foi, le *Barodet*, — du nom de son inventeur, — ne contient, pour chaque député, qu'un seul document, celui qui est considéré comme son affirmation de principes, et comme tel transmis par les préfets au ministre, puis par le ministre à la Commission. Mais, pour combien d'élus du premier et surtout du second tour la représentation proportionnelle n'a-t-elle pas été, plutôt qu'une question de principe, une question d'élection, qui n'a point fait l'objet d'une déclaration solennelle, mais n'en a pas moins provoqué de leur part un engagement, écrit ou oral, public ou semi-public, dont il ne leur saurait être, dont il ne leur sera pas permis de se délier ? Ce qui est incontestable, c'est que le groupe parlementaire de la représentation proportionnelle et de la réforme électorale, à peine reconstitué, compta dans la nouvelle Chambre 318 adhérents, et que les élections partielles, ou des adhésions plus récentes, ont porté ce nombre à 329. Ce qui est certain encore, c'est que, lors de la nomination de la Commission du suffrage universel, 236 députés, malgré les animosités de partis et peut-être les antipathies de personnes, votèrent intégralement pour la liste proportionnante, où figuraient des hommes de tous les partis. Les autres, entre 236 et 329, ou étaient en congé, ou s'abstinrent, ou bien s'abandonnèrent à quelque fantaisie, mais on n'en relèverait pas plus de 26 qui se soient sciemment ou innocemment livrés à un panachage inquiétant. Or, qui de 329 ôte 26, il reste 303, c'est-à-dire la majorité. Et une majorité républicaine, puisque M. le président du Conseil tient à ce que c'en soit une qui prenne la charge de la réforme. Je n'oublie pas qu'après le premier tour de scrutin, une feuille, qui passe pour lui être attachée, publia des graphiques tendant visiblement à établir que la plupart des élus proportionnalistes de ce premier tour étaient des réactionnaires, tandis que la plupart des antiproportionnalistes étaient des républicains : lisons, s'il vous plaît, des radicaux-socialistes et socialistes indépendans, ce qui, dans l'intention du rédacteur, n'était pas fait pour accroître les chances des proportionnalistes au second tour, ni la considération que valait la représentation proportionnelle. Mais, après tout, les bureaux de *la Petite République* ne sont pas ceux du ministère de l'Intérieur, et M. Gaston Cagniard n'est pas M. Aristide Briand. La presse, à peu près unanimement, constata la victoire de la réforme électorale. *Le Temps* du 26 avril disait : « Un fait résulte de cette première rencontre, et il est même le plus clair : c'est que la réforme électorale a obtenu dans le pays une énorme majorité, et, parmi les moyens préconisés pour l'accomplir, le scrutin de liste avec représentation proportionnelle est manifestement celui qui réunit le plus d'adhésions. » Et *le Temps* du 10 mai : « Si la réforme électorale avait, dès le premier tour, tenu une grande place dans les déclarations des candidats, que dire de celle qu'elle a occupée dans la dernière phase de la bataille électorale ? Il est tel arrondissementier jugé impénitent, qui, sentant le sol se dérober sous lui, s'est résigné, lui aussi, pour essayer de se sauver, à « s'accrocher » à cette réforme. D'ores et déjà, il est certain que la Chambre ne pourra se soustraire à l'obligation d'examiner et de trancher favorablement la question. Les proportionnantes, qui ont tant de raisons d'être satisfaits de ces élections, lui rappelleront au besoin son devoir. » De son côté, *le Matin*, après avoir remarqué : « Les grands vainqueurs, d'une façon générale, semblent être les proportionnalistes. Nulle part, on ne signale de défaites subies par eux et partout ils remportent des succès ; » *le Matin* jetait les « dernières pelletées sur un cadavre. » Le cadavre était le scrutin d'arrondissement, noyé, asphyxié dans la « mare stagnante. » M. Briand avait exprimé le vœu que le pays parlât : le pays avait parlé. Ce que, de loin et dans son bourdonnement confus, le suffrage universel s'était accordé à lui répondre, il était difficile qu'il ne l'entendît pas, d'autant plus que, tout près de lui, la voix familière, encore qu'aux accents parfois un peu âpres, de M. Millerand le répétait : « Il est temps que la politique républicaine se développe dans un régime assaini par une réforme électorale dont jamais avec plus d'évidence n'apparut la nécessité. » Dans le train qui, le mardi matin, emmenait les ministres à Rambouillet, pour leur premier Conseil après le renouvellement de la Chambre, M. Briand se décida : « Il faut, dit-il, faire quelque chose. »

Section IV

M. Briand se décida sans se décider, comme il se décide. Est-ce qu'on pourrait dire de lui ce qu'on a dit, en Espagne, de Sagasta, qu'il aimait mieux changer d'opinion, en les recevant toutes faites, que de se fatiguer à s'en faire une et à la défendre ? On ne pourrait, dans tous les cas, depuis la formation de son second Cabinet, lui reprocher d'être, ainsi que Canovas le disait de l'autre : « la plus petite quantité possible de président du Conseil des ministres. » Ce Cabinet n'est-il pas composé de telle sorte qu'il y détient à peu près tous les portefeuilles, et qu'il y tient à peu près tous les rôles, outre le sien ? Mais il n'importe, et de jouer tant de rôles à la fois, n'est point pour épouvanter un homme qu'on a, par manière de compliment, appelé « un monstre de souplesse, » un homme qui, s'amusant à se peindre lui-même, s'est qualifié, — et il en était fier, — un homme qui « s'adapte, » un « homme de réalisation. » A la vérité, ce n'est pas chose très difficile de changer d'opinion, quand on n'en a pas d'arrêtée, de s'adapter quand rien ne vous a situé ni fixé nulle part, et de réaliser quand il vous est indifférent de savoir quoi. Or, M. Aristide Briand, avec toutes ses qualités, qui ne sont pas médiocres et dont quelques-unes sont éminentes, est certainement tout l'opposé d'un doctrinaire : on ne le blessera guère en lui refusant ce titre qu'il ne revendique pas, si même il ne le repousserait. Ce n'est pas l'homme d'une idée, — il estime peu ces maniaques, — et ce n'est pas un homme à idées : il n'a que des pensées de tribune. Ce n'est pas l'homme d'un travail assidu, d'un travail « assis, » et ce n'est pas encore de lui qu'on dirait : « Il reste à sa table ; » on ne se souvient pas qu'il ait jamais eu de longs tête-à-tête avec les livres. C'est un péripatéticien, qui s'instruit, assure-t-on, en réfléchissant, et qui réfléchit en déambulant ; sa promenade même a l'allure d'une flânerie, mais il faut croire qu'elle est méditative. Ses biographes officieux (un premier ministre retrouve toujours de vieux camarades) sont dans l'extase, lorsqu'ils songent seulement à la provision de desseins mûrement pesés, de solutions fines et de subtiles combinaisons qu'il est capable de rapporter d'une partie de pêche à la ligne. Cet exercice hygiénique, en effet, caractérise bien sa manière ; et, par exemple, son geste favori d'orateur est le geste du pêcheur qui promène son fil : ainsi ses mains vont et viennent, d'un bout à l'autre de l'assemblée, attrapant, traînant et ramenant les assentiments. La supériorité de M. Briand, à la tribune, est faite d'autre chose encore sans doute, mais de ceci d'abord qu'il n'est jamais préoccupé de ce qu'il veut dire à la Chambre, et qu'il l'est continuellement de ce que la Chambre veut qu'on lui dise, de ce qu'on doit lui dire dans la minute même où il lui parle, et qu'on n'eût pas pu lui dire la minute d'avant, et qu'on ne pourrait plus lui dire la minute d'après. Il a, au plus haut point, le sens de l'opportunité du discours, des attitudes et des inflexions de voix ; il sent, au moment précis, quand il convient de flatter, d'ironiser, de vitupérer, d'adjurer, d'aller chercher l'émotion dans les profondeurs. C'est une intelligence aussi peu cérébrale que possible, une intelligence tactile ; M. Briand comprend avec le bout des doigts, comme certains insectes sentent avec les antennes. Tout cela en ferait assez pour qu'on pût conclure, à sa louange, qu'il est « grand connaisseur de l'occasion, » s'il n'avait, coup sur coup, en deux circonstances au moins, laissé échapper de belles occasions d'être plus qu'un politicien habile, d'être un homme d'État hors de pair dans le lot qui s'étale à notre choix. On s'accorde à reconnaître que M. Briand parle très bien, mais, quelque remarquable qu'il soit lorsqu'il parle, il l'est beaucoup plus encore lorsqu'il écoute. Il écoute admirablement, avec une puissance d'attention, une intensité et comme une volonté d'absorption incomparable ; seulement, il écoute de plusieurs côtés en même temps, et, alternativement, il entend mieux d'un côté que de l'autre, ainsi qu'il fit, le 8 novembre 1909, entre M. Millerand et M. Berteaux, entre les proportionnantes et les « arrondissementiers. » Des collaborateurs intimes qui se disputent sa faveur, — et nul ministre n'en eut plus que lui, — aucun ne peut se vanter de posséder « les deux clefs du cœur de l'empereur Frédéric, » mais chacun du moins en a une, et chacun l'ouvre tour à tour. Le malheur est, avec ces natures-là, qu'on pourrait prendre pour de la duplicité ce qui, chez elles, n'est que de la coquetterie, pour de la coquetterie ce qui n'est que de l'irrésolution, et pour de l'irrésolu Lion ce qui n'est que de la nonchalance. C'est aussi que, cette espèce d'hommes d'Etat improvisés et improvisateurs connaissant peu les questions par eux-mêmes et n'aimant pas à les apprendre, on a rarement affaire à eux-mêmes ; sous leur nom, par leur bouche, l'un propose, l'autre se dérobe, l'un donne, l'autre retient, et tout le monde finit par être dupe d'un prétendu excès d'adresse où le dupeur est peut-être le premier dupé.

« Adapté » sans retard à la situation parlementaire telle qu'elle paraissait définie par les élections législatives, M. Briand, conformément à la promesse faite en prenant contact avec la nouvelle Chambre, déposa, le 30 juin 1910, un projet de loi « portant modification aux lois organiques sur l'élection des députés. » Qu'est-ce que ce projet, et que vaut-il ? Depuis huit mois qu'il est livré aux controverses, et que pas un jour ne s'est écoulé sans qu'on m'en parle ou que j'y pense, j'en ai entendu dire tant de choses, deviné ou soupçonné, si ce n'est (auquel cas, je m'en accuse) imaginé tant d'autres, que j'aurais peur, le jugeant aujourd'hui, de ne pas le juger impartialement. Je préfère me reporter à mes premières impressions : voici donc ce que j'écrivis dans la marge, le soir même où je le reçus :

« Ce n'est pas ici le projet d'un gouvernement préoccupé de résoudre une des plus grandes questions politiques, la plus grande peut-être qui se pose dans l'Etat moderne. Le ton dont l'exposé des motifs du projet de loi parle de la « théorie » et des « théoriciens, » d'« hypothèses purement théoriques, » autorise sans doute à en faire la remarque. Et les théoriciens n'en seront point étonnés : à vrai dire, ils s'y attendaient bien un peu ; ils ne retiennent pas beaucoup l'attention de M. le président du Conseil, qui est un homme pratique, « un homme de réalisation. » Ils veulent philosopher, M. le président du Conseil veut vivre, et cela met entre eux et lui de la distance.

« Théorie et théoriciens à part, le projet de loi est en somme tel que pouvait le présenter un président du Conseil qui se trouve avoir à ménager, dans son ministère même (il s'agissait de l'ancien), les opinions les plus diverses, pour ne pas dire les plus opposées : proportionnantes invétérés et ardents ; proportionnalistes récents, mais ébranlés ; partisans du scrutin de liste touchés par la sécurité que donne aux gens en place le bon vieux scrutin d'arrondissement ; partisans du scrutin d'arrondissement que la force des choses convertit, malgré eux, au scrutin de liste. (Maintenant, c'est plus simple : M. Briand, voulant la réforme électorale, a composé son second ministère d'hommes politiques qui, pour la plupart, ne la veulent pas ; qui, du moins, ne la voulaient pas avant de vouloir être ministres ; mais ils se seront, eux aussi, « adaptés ; » et du reste M. Briand, ne l'oublions pas, est, dans ce second Cabinet, un peu omni-ministre.)

« Le projet de loi est tel enfin qu'il s'imposait à un gouvernement qui, en face d'une Chambre nouvelle, hésite, tâtonne, cherche sa majorité et ne sait pas encore très exactement où elle est. C'est là qu'il est sage de ne pas montrer une intransigeance de théoricien ; c'est là qu'il est bon pour le gouvernement de promener ses antennes. »

Suivait, par le menu, dans ces notes, la critique de l'exposé des motifs, où ce serait un jeu de relever autant d'erreurs de doctrine qu'on a relevé d'erreurs historiques dans un autre document du même genre, — je ne dis pas du même auteur ; — puis je reprenais, pour conclure :

« Eh bien ! ce n'est pas suffisant. Ce n'est pas l'attitude que doit prendre un gouvernement dans une pareille question, en face d'un pareil problème. Qu'il ne soit pas intransigeant sur les détails et les modalités, à merveille, et l'on serait tenté de l'en féliciter, si d'ailleurs il pouvait faire autrement. Mais il ne faut pas qu'il ait l'air de se désintéresser, ni que l'absence d'intransigeance prenne la mine d'une absence de préférence ou même d'une absence de volonté. Quand on a dit du mode de scrutin existant ce que le président du Conseil en a dit, on ne peut pas y rester, il faut en sortir. On ne peut pas laisser le suffrage universel s'enliser dans le marécage qu'on lui a montré. On ne peut pas se borner à faire, de la berge, un geste mort de poteau indicateur qui marque la profondeur et n'aide pas à remonter. L'âpreté même de son langage crée au président du Conseil un devoir envers la nation, à laquelle il lui est défendu de dire : « Tu es dans la mare stagnante ; tire-t'en comme tu le pourras ! »

A le considérer en son texte, le projet de loi partait de cette donnée, et se ramenait à cette caractéristique : c'était un projet, non de représentation proportionnelle tout court, ce qui, bien que court, est clair et complet, mais, comme il en usurpait le titre par un étrange abus des mots, de « représentation proportionnelle des minorités. » Non pas même ou non pas seulement un projet de représentation plus ou moins proportionnelle, avec prime à la majorité ; mais plutôt de représentation majoritaire, avec part aux minorités. C'était, au pied de la lettre, un système majoritaire avec réserve de quotité disponible en faveur des minorités, qu'il traitait comme l'ancien régime traitait les enfants prodigues ou ingrats ou pour une raison quelconque disgraciés, en ne leur laissant que « la légitime » dont la liberté de tester ne permettait tout de même pas de les dépouiller. Que ce fût à la majorité de gouverner, ou d'en fournir le moyen, et d'abord de constituer le ministère, nous ne le contestions pas ; et nous ne prétendions pas davantage « construire un mécanisme électoral qui mît aux mains des minorités le moyen d'empiéter sur le pouvoir, de faire obstacle à son fonctionnement, et d'ouvrir ainsi les voies de l'anarchie. » Oh ! non ; c'eût été mal nous connaître, et, en vérité, nous prendre pour d'autres ! Ce que nous voulions était très simple ; nous le dîmes, au nom des proportionnalistes, dans la déclaration signée de tout le bureau du groupe, le 28 juin 1910 :

« Il ne s'agit point pour eux (pour nous) de disputer à la majorité ni de lui retirer par astuce « la prépondérance qui doit lui appartenir : » il s'agit de la lui assurer, partout et toujours, dans la proportion même où elle lui appartient véritablement. Et quant aux opinions « mises en minorité par le suffrage universel, » il s'agit bien « de les préserver de l'écrasement, de les admettre au bénéfice de la délibération dans l'assemblée des représentants de la nation ; » non pas toutefois comme par une espèce d'aumône, mais en vertu de leur droit, et dans la mesure même de ce droit, qui sera précisément marquée par leur nombre. La représentation proportionnelle est tout ensemble la représentation de la majorité comme majorité et des minorités comme minorités ; elle est cela, ou elle n'est rien ; si elle n'est pas cela, il n'y a pas de représentation proportionnelle.

« Établir la représentation proportionnelle, c'est à quoi le gouvernement lui-même aboutira, à quoi il ne peut manquer d'aboutir, dans et par le projet de loi qui « établira le scrutin de liste avec représentation des minorités proportionnelle au nombre de suffrages réunis par leurs candidats. » Du fait que la représentation des minorités sera proportionnelle, celle de la majorité le sera nécessairement aussi.

« Et c'est pourquoi, de même que « le gouvernement n'entend apporter dans la discussion des détails et des modalités du projet de loi aucun esprit d'intransigeance, » de même les proportionnalistes, eux non plus, « sur les modalités et les détails, » ne se montreront pas irréductibles.

« Ils ne seront intransigeants que sur un point : à savoir que la loi établisse vraiment la représentation proportionnelle. »

Les positions étant ainsi définies, et par la déclaration du gouvernement et par la nôtre, le chemin était tout tracé ; nous nous y engageâmes dès que le projet de loi fut déposé et la

Commission constituée. (Je rappelle, en passant, que cette Commission de 44 membres fut élue suivant les règles de la représentation proportionnelle, et composée, par conséquent, de 25 membres favorables et de 19 membres hostiles à la réforme.) Comme le gouvernement avait déclaré qu'il n'apporterait aucun esprit d'intransigeance dans la discussion des modalités, nous acceptâmes premièrement de prendre pour base son projet de loi ; et comme nous avions nous-mêmes déclaré que nous ne serions irréductibles que sur un point, une représentation vraiment proportionnelle, nous imprimâmes tout de suite au projet ce caractère, en supprimant les mots « des minorités. » Une fois replacés par là, sana équivoque et sans ambages, dans la thèse proportionnaliste, nous fûmes en situation de traiter.

L'audition officielle de M. Briand ne donna que peu de résultats. Pourquoi le tairais-je ? L'impression fut mauvaise. Le ton de badinage, sinon de persiflage, que le président du Conseil affecta, son insistance ironique à répéter que son enfant (le projet de loi) n'était pas joli, joli, mais que c'était déjà très beau d'en avoir fait un, et à exprimer l'espoir que, lasse de travailler sans aboutir, épuisée d'un stérile effort, divisée sur les systèmes, rebutée par les difficultés ou les inconvénients de chacun d'eux, la majorité proportionnaliste de la Commission finirait bien par adopter cet enfant qu'elle repoussait à première vue comme bossu et bancal, mais sans en avoir un à elle ; ces façons irritèrent ou blessèrent les uns, firent rire les autres dans leur barbe : tout le monde, partisans et adversaires, crut comprendre que le gouvernement ne songeait qu'à se délivrer de ce cauchemar, la réforme électorale, sous la forme, tout au moins de la représentation proportionnelle. Cette impression fut la mienne si vivement que, rencontrant M. Briand, à la sortie, je ne pus m'empêcher de lui dire : « C'est la guerre ! Vous l'avez voulue ; vous allez l'avoir ! » Mais, alors, il me rejoignit, me retint, m'emmena dans une embrasure de fenêtre, et, au milieu du cercle qui ne tarda pas à se former, s'expliqua, se traduisit, se commenta. — On avait cru le comprendre, on ne l'avait pas compris : il était animé des meilleures intentions, et au demeurant, comment ne voudrait-il pas la réforme ? Ne l'avait-il pas rendue inévitable ? N'avait-il pas donné la chiquenaude qui en avait opéré le déclanchement ? Que la Commission, à laquelle il avait présenté un texte, lui en présentât un autre, si elle trouvait mieux, et l'on causerait.

Entendons-nous. Il était parfaitement exact que la Commission, à ce moment, n'avait pas de texte à opposer au texte du gouvernement, et elle ne pouvait pas en avoir, puisqu'elle ne faisait que de commencer ses études ; mais il était, en revanche, parfaitement inexact que la majorité proportionnaliste n'en eût pas, puisqu'elle avait déposé, sous la signature de 24 de ses membres (M. Vazeille seul s'était réservé), quatre amendements, portant sur huit articles du projet, et qui constituaient un contre-projet de représentation proportionnelle intégrale. Le gouvernement l'ignorait si peu que, dès le début de son entretien avec la Commission, M. Briand s'était plaint de la brusquerie du geste par lequel nous avions voulu le jeter dans les voies de la pure proportionnelle, et lui couper toute ligne de retraite. Mais, parlementairement, il n'en avait pas moins raison : ce que nous avions à lui soumettre, c'était une espèce de vœu, de desideratum, un programme, disons-le comme il le pensait, une élucubration à nous ; ce n'était pas un texte, délibéré, arrêté, voté par la Commission.

Pour « causer » utilement, dans les cas épineux, il n'est rien de tel que d'écrire. Sur trois ou quatre points, avant toute chose, la Commission avait besoin de connaître l'opinion de M. Briand, et d'être sûre que cette opinion était bien l'opinion du gouvernement. Un de ces points dominait tous les autres. « La commission de recensement général des votes, disait l'article 9 du projet de loi, constate le nombre total des électeurs *inscrits*, et détermine, en divisant ce nombre par celui des députés à élire dans via circonscription, le quotient électoral. » Ce paragraphe seul rendait le projet inacceptable. En effet, pour qu'il eût pu être accepté, il eût fallu que certainement ne fussent inscrits sur nos listes électorales ni les militaires, qui ne votent pas tant qu'ils sont en service actif, ni morts, ni absents, ni inconnus. Il eût fallu que l'on cessât d'admettre les doubles inscriptions qu'autorise la loi « municipale » de 1884. Il eût fallu, enfin, que nous eussions en France des listes électorales « chimiquement pures, » et Dieu sait si nous en sommes loin ! Mais le danger d'une telle disposition apparaissait plus grand encore, quand on rapprochait du paragraphe 1er de l'article 9 le cinquième paragraphe ainsi conçu : « Si, après les dites attributions, il reste des sièges à pourvoir, elle (la commission de recensement) proclame élus les autres candidats ayant obtenu le plus grand nombre de suffrages, quelle que soit la liste sur laquelle ils figurent. » Quoique la forme atténuée masquât un peu l'intention, qui avait été et qui demeurait de faire accroissement à la majorité de tous les sièges non pourvus par la première répartition ; comme, d'une part, il est rare qu'au scrutin de liste, il y ait, entre les candidats d'une même liste, un écart sensible de suffrages ; comme, d'autre part, la règle une fois adoptée de calculer le quotient en prenant pour dividende le nombre total des électeurs inscrits, et, par là, en élevant sensiblement le quotient, aurait eu pour conséquence d'augmenter le nombre des sièges restant à pourvoir ; le procédé n'allait à rien de moins qu'à inviter à la falsification des listes, afin de faire plus large ce que M. Briand appelle, avec une belle franchise, « la part du prince. » Si le gouvernement persistait dans ce dessein, il n'y avait qu'à rompre. Et c'est pourquoi la première question de la Commission du suffrage universel (lettre du 14 décembre 1910) fut celle-ci : « 1° Le gouvernement accepterait-il, dans le paragraphe premier de l'article 9, la substitution du mot « votants » au mot « inscrits ? »

M. Briand répondit, le 24 décembre : « Bien que le gouvernement voie des avantages sérieux à calculer le quotient électoral d'après le nombre des électeurs inscrits, il est tout disposé à envisager la substitution du mot « votants » au mot « inscrits » dans l'article 9, paragraphe premier. »

La majorité proportionnante, entrant résolument dans l'esprit du système, et en vue de pousser à la constitution chez nous de partis nettement tranchés et fortement organisés, chacun avec son programme, son personnel et ses adhérents, réclamait « la liste bloquée ; » c'est-à-dire qu'ayant donné au parti, représenté en l'espèce par un certain nombre de « parrains, » le droit de composer sa liste, elle ne laissait à l'électeur que le droit de marquer sa préférence pour tel candidat de cette liste, sans qu'il lui fût loisible d'enrayer aucun nom, ni d'y substituer aucun autre nom ; en aucun cas, il n'aurait pu mêler les noms de plusieurs listes, sous peine de voir annuler son bulletin. Cette proposition, d'ailleurs, n'était pas encore formulée que quelques-uns de nos amis les plus dévoués, le *Journal des Débats* notamment, s'insurgeaient contre elle, et

criaient au scandale : « Vous supprimez la liberté de l'électeur ! »
M. Briand avait entendu ces cris, et le projet de loi, s'il ne l'édictait
pas, impliquait le panachage, c'est-à-dire, par opposition à la
liste, bloquée, le droit pour chaque électeur de composer sa liste
à son gré, et sans tenir compte du parti, parmi les candidatures
légalement déclarées. D'où notre seconde question : « L'article 8
du projet impliquant la pratique du panachage, le gouvernement
insiste-t-il pour le maintien de cette pratique ? »

Le président du Conseil répondit : « Le gouvernement demeure
hostile à toute disposition interdisant le panachage, et qui, à son
avis, serait interprétée par les électeurs comme une mutilation des
droits à eux conférés depuis l'établissement du suffrage universel ;
il insiste sur les graves inconvénients que présenterait, dans l'état
actuel d'inorganisation des partis, l'interdiction de cette faculté. »

Les deux autres points, quoique importants sans doute, étaient
pourtant secondaires, en comparaison de ces deux-là. Pour le mode
de calcul à employer, si le gouvernement ne voulait décidément pas
du système d'Hondt, parce que c'est un système belge, que pensait-
il du système des moyennes, qui en est la transposition et comme
la traduction française, par nos mathématiciens les plus éminents ?
Puisqu'il tenait au panachage et repoussait délibérément la liste
bloquée, que pensait-il du vote cumulatif, pour corriger les abus
à redouter et préserver des pièges que le panachage perfidement
pratiqué permettait de tendre, par l'innocence même des électeurs,
à la bonne foi de tel ou tel parti ? Sur le système des plus fortes
moyennes, M. Briand réservait sa réponse ; et, quant au reste, il se
contentait de dire : « Le gouvernement n'est pas, *a priori*, favorable
au vote cumulatif qui lui apparaît comme présentant de multiples
et sérieux inconvénients. »

Munie de ces indications authentiques, et dans le cadre qui lui
était tracé : quotient électoral tiré du nombre des votants ; — liberté
du panachage ; — pour le surplus, arrangements à débattre ; —
dans ces conditions et après ces concessions qui rendaient l'entente
possible et probable, la Commission se mit au travail.

Section V

Elle avançait lentement, du train accoutumé de la vie parlementaire, en discutant article par article, ligne par ligne, lorsque se produisit l'incident que le public a connu sous le nom d'amendement Painlevé. Soucieux de faire que la représentation proportionnelle fût exacte, mais ne le fût pas au détriment de ce qu'il nomme « le parti républicain, » M. Paul Painlevé imagina deux dispositions en vertu desquelles : 1° les sièges restés libres après la première répartition seraient « attribués à la liste dont le nombre moyen des suffrages aurait atteint la majorité absolue ; » et : 2° « si aucune liste n'atteint la majorité absolue, » les sièges restant à pourvoir seraient attribués aux différentes listes, selon Tordre décroissant de leurs moyennes en commençant par la plus forte. Toutefois, — et c'était là la partie la plus contestable de l'amendement de M. Painlevé (c'en a été du moins la plus contestée), — deux ou plusieurs listes pourraient « faire au préalable déclaration d'apparentement en vue de l'utilisation de leurs restes. » En d'autres termes, les radicaux pourraient, huit ou dix jours, je suppose, avant le scrutin, se déclarer apparentés avec les radicaux-socialistes, et ceux-ci avec les socialistes-indépendants. On ferait masse entre soi des suffrages non représentés, la part d'entiers une fois prélevée, et l'on se partagerait encore les sièges qui traîneraient. C'est, transporté dans l'arithmétique proportionnaliste (et jamais le mot ne fut mieux à sa place) le système des « affinités électives. »

A cette invention, d'ailleurs séduisante pour beaucoup, les objections ne manquèrent point. On lui reprocha, d'abord, d'aller contre le principe de la représentation proportionnelle, en réintroduisant dans un régime proportionnaliste l'idée majoritaire ; ensuite, d'aller contre l'objet de la représentation proportionnelle, en conservant et en aggravant les marchandages, les maquignonnages dont le pays avait espéré et souhaitait ardemment d'être délivré. Les ligues, les comités, tous les groupements, en dehors des Chambres, s'émurent ; une assemblée plénière fut convoquée, et l'amendement Painlevé n'échappa à une condamnation quasi unanime que parce que les proportionnalistes, sentant également le danger de se diviser et le besoin de s'unir, se rallièrent tous (M. Painlevé compris) à l'idée émise par M. Jaurès de chercher, au lieu de l'apparentement de plusieurs partis groupés dans une même circonscription, un apparentement des restes d'un même parti dans plusieurs circonscriptions groupées. Ce qui revient à dire qu'au lieu que les radicaux-socialistes et les socialistes indépendants puissent, pour le partage des restes, faire masse commune dans le seul département de la Savoie, par exemple, ce serait avec les radicaux-socialistes de la Haute-Savoie que les radicaux-socialistes, avec les socialistes indépendants de la Haute-Savoie et d'autres départements voisins, s'il y avait lieu, que les socialistes indépendants pourraient s'unir.

L'apparentement entre partis voisins (proposition Painlevé) ayant prévalu en première lecture, M. Jaurès soutiendra en seconde lecture, devant la Commission du suffrage universel, sa proposition d'apparentement ou plutôt de groupement entre départements voisins ; solution incontestablement plus conforme à l'esprit de la représentation proportionnelle, et plus dans le sens, aussi, des formations administratives de l'avenir.

Sera-ce assez qu'il ait raison, et que la grande majorité des proportionnalistes soit avec lui, pour que la majorité de la Commission et la majorité de la Chambre consentent à lui donner raison ? Nous le verrons ; et l'on peut croire, à de certaines réticences autant qu'à de certains aveux, que des choses qui n'ont rien à faire avec la représentation proportionnelle, ni avec la réforme électorale, en général, ni, en particulier, avec l'amendement Painlevé, s'agitent sous et derrière l'amendement Painlevé, à l'insu même de M. Painlevé. Il a failli diviser des amis ; va-t-il réconcilier des adversaires ? Ce que nous ne saurions permettre, — je dis ce qu'aucun des partis qui ont mené campagne ensemble depuis trois ans ne saurait permettre, quoi qu'il pense d'ailleurs sur toute autre question, — c'est que la réconciliation se négocie et se scelle aux dépens de la réforme électorale, et contre la représentation proportionnelle. Non, aucun de ces partis : ni l'extrême gauche socialiste, ni le centre progressiste, ni l'Action libérale, ni ceux des radicaux qui n'ont pas été, depuis trois ans, les moins fidèles et qui ont été les plus méritants des proportionnalistes.

Et ce qui est certain dès maintenant, c'est que le maintien du scrutin d'arrondissement est impossible ; c'est que le rétablissement du scrutin de liste pur et simple est impossible ; c'est qu'entre le projet maximum de représentation proportionnelle, telle qu'elle eût résulté des amendements des Vingt-Quatre, et le projet minimum de représentation des minorités, telle qu'elle résultait du texte du gouvernement, la réforme électorale glisse, comme le poids sur la tige de la balance. Elle finira, comme il finit, par trouver son point d'équilibre, plus près d'une des extrémités ou plus près de l'autre, mais nécessairement entre les deux. Le poids ne peut plus glisser au delà, ni retomber et s'enfoncer dans « la mare stagnante, » fît-on, pour l'agrandir en étang départemental, communiquer ensemble cinq ou six petites mares d'arrondissement. La loi votée, il restera peut-être quelque chose à faire, pour une proportionnelle plus adéquate dans la proportionnelle même ; mais la réforme électorale est faite. — Elle ne peut pas ne pas se faire. Il faut qu'elle se fasse. Avec, sans ou malgré le gouvernement. Avec le ministère Briand ou tout autre ministère.

ISBN : 978-1720775164

www.ingramcontent.com/pod-product-compliance
Lightning Source LLC
Chambersburg PA
CBHW070230260726
48658CB00006BA/2260